A. BIANCONI

L'Assistance et les Communes

Prix : **15** centimes

En Dépôt
A LA LIBRAIRIE DU PARTI SOCIALISTE
Rue Sainte-Croix-de-la-Bretonnerie, 37
PARIS
—
2ᵉ Édition
1913

LES CAHIERS DU SOCIALISTE. — N° 2

A. BIANCONI

L'Assistance
et les Communes

Prix : 15 centimes

En Dépôt
A LA LIBRAIRIE DU PARTI SOCIALISTE
Rue Sainte-Croix-de-la-Bretonnerie, 37
PARIS

LES CAHIERS DU SOCIALISTE. — Nº 2

A. BIANCONI

L'Assistance
et les Communes

Prix : 15 centimes

En Dépôt

A LA LIBRAIRIE DU PARTI SOCIALISTE

Rue Sainte-Croix-de-la-Bretonnerie, 37

PARIS

Le Socialisme et l'Assistance

Beaucoup de socialistes ne voient dans l'assistance qu'un remède anodin inventé par les philanthropes bourgeois contre les misères trop criantes. En régime socialiste, disent-ils, il n'y aura plus d'assistés, partant plus d'assistance; il n'y a donc pas lieu pour les socialistes de se préoccuper de ces palliatifs.

Voilà pour la théorie. Mais, pour la pratique, l'œuvre la plus importante des municipalités socialistes, en France, a toujours concerné l'assistance. Qu'il s'agisse d'assistance médicale, d'hôpitaux, d'hospices, ou de secours aux vieillards et aux invalides, les socialistes ont souvent des audaces qui effraient les philanthropes officiels. Cette œuvre quotidienne n'a-t-elle qu'un intérêt du moment ? Les institutions que l'on crée ainsi sont-elles destinées à disparaître un jour sans laisser de prolongements dans la société nouvelle qui se prépare ? C'est ainsi qu'un socialiste est amené par les faits à se poser la question de l'assistance.

Mais, dira-t-on, qu'y aura-t-il besoin d'assistance en régime socialiste ? Ce raisonnement n'est-il pas irréfutable : plus d'assistés, donc plus d'assistance ? Parlez-nous d'assurances, soit ! — Mais il est peu vraisemblable qu'un système d'assurances professionnelles, si vaste qu'on le suppose, puisse jamais parer à tous les risques. Chaque syndicat peut être conçu sans doute comme capable d'assurer ses membres contre la maladie, la vieillesse, les infirmités. Mais l'organisation professionnelle sera-t-elle si complète que personne n'y échappe ? Pour qui sait également qu'on ne peut pas assurer contre l'imprévisible, que toutes les chances ne se prêtent pas à un calcul, il est clair que la Commune ou l'Etat auront toujours à intervenir directement, et cette intervention directe sera proprement de l'assistance. C'est par opposition à l'assurance que, pour un socialiste, l'assistance se définit nettement : il y a assistance toutes les fois qu'il n'est pas possible de calculer la chance mauvaise, et d'évaluer la prime qui suffira à y parer, toutes les fois qu'on ne sait pas à qui on pourrait réclamer une prime d'assurance, bref toutes les fois que la collectivité doit venir en aide directement avec ses réserves générales.

On n'a plus de raison de se défier de l'assistance dès qu'elle ne se présente plus comme une institution charitable, mais comme une fonction normale de la collectivité. C'est cette conception qui doit déterminer le devoir présent des socialistes en matière d'assistance. Le temps est passé où l'assistance publique avait besoin de défenseurs. On ne verrait plus aujourd'hui un directeur de l'Assistance publique faire l'éloge larmoyant de la charité privée et confesser l'infériorité de la charité publique. Depuis les lois de 1893 et de 1905 sur l'assistance aux malades et aux vieillards, bien des équivoques ont été dissipées. On a reconnu que l'assistance était une fonction *obligatoire* de la société; on est à la veille de reconnaître le *droit* de l'individu à l'assistance. On aurait même inscrit ce droit dans la loi de 1905 sans la prudence timorée du Sénat. Ce ne sont plus des *pauvres* que l'on secourt, mais des citoyens atteints par un malheur dont l'espèce est prévue et déterminée par la législation. De plus en plus on cesse de considérer l'assistance comme un remède général au paupérisme; elle ne peut être efficace que dans la mesure où elle est autre chose que de la bienfaisance. Il y a là une évolution du droit éminemment favorable à la conception socialiste. Le devoir des socialistes est donc d'utiliser largement la législation existante, d'autant plus qu'il serait encore vain d'attendre des assurances professionnelles tous les résultats qu'elles peuvent donner et que la part de l'assistance est forcément plus grande aujourd'hui qu'elle ne sera.

L'Assistance publique, héritière de la charité privée, a d'abord été de la *bienfaisance* publique. Elle a prétendu soulager la pauvreté, elle y prétend encore, par l'aumône. A peine, dans cette immense machine administrative, quelque division du travail commence-t-elle. Il est donc nécessaire d'abord d'envisager la question de la pauvreté dans toute sa complexité. Nous passerons ensuite aux formes précises d'assistance que les récentes lois ont eu pour objet d'organiser : l'assistance aux malades, l'assistance aux vieillards et invalides (1).

---

(1) La loi de 1893 et la loi de 1905 ont donné à l'assistance médicale, à l'assistance aux vieillards et aux invalides une base communale. Nous nous placerons donc exclusivement au point de vue municipal. Nous laisserons de côté l'assistance à l'enfance et l'assistance aux aliénés dont l'organisation échappe complètement à la commune. Nous réservons pour une étude d'ensemble sur la « mortalité infantile » la question si grave de l'assistance aux femmes, avant et après l'accouchement.

I

La Pauvreté

Les philanthropes allemands se sont quelquefois demandé: Qu'est-ce qu'un pauvre ? Ce problème n'est pas si oiseux qu'il le paraît d'abord. Il ne s'agit pas, en effet, de chercher une définition pour la simple satisfaction de l'esprit. Il s'agit bel et bien de chercher ce qu'est le paupérisme et comment on peut espérer y porter remède. Prenons une de ces définitions, une des plus récentes (1), une des plus complètes : « Est un indigent, celui qui n'a pas les moyens de satisfaire aux besoins urgents, *appréciés* d'après les mœurs, les habitudes et l'opinion de la société dans laquelle il vit ». On se rend compte aussitôt que cette appréciation variera non seulement selon les circonstances et les lieux, mais aussi suivant les philanthropes. En fait, la quotité du secours dépendra, dans la plupart des cas, de la générosité et des ressources de celui qui donne. Cela est grave, c'est précisément ce qui rend la charité humiliante. Mais, dira le philanthrope qui se pique de science, ce n'est pas à nous à apprécier ces besoins urgents; il faut mettre l'indigent en mesure d'y satisfaire lui-même, suivant son appréciation propre. Et pour cela, il faut atteindre les causes de l'indigence et ne pas se contenter d'une réparation momentanée. Mais la série de ces causes se perd dans l'infini, les plus convaincus le reconnaissent eux-mêmes (2) C'est un chaos inextricable: catastrophes naturelles, comme la grêle, les incendies, crises industrielles, conditions géné-

---

(1) M. Münsterberg. *L'Assistance.* (Traduction R. Bompard, Masson 1902), p. 6.
(2) M. Münsterberg, p. 8.

rales de la vie économique, chômage régulier dans certaines professions, etc. Et alors, même les plus résolus renoncent à s'y reconnaître; beaucoup reviennent à la charité par lassitude. Ils y trouvent des satisfactions morales qui calment leurs scrupules et élèvent leurs âmes.

L'Impuissance de la charité publique.

On dirait que l'Assistance publique s'est de bonne heure convaincue qu'il ne fallait pas songer à faire mieux que les philanthropes. Elle a hérité des méthodes de la charité privée. On trouverait dans les Recueils de discours tenus aux Congrès d'Assistance des passages dignes des plus nobles moralistes. Les Bureaux de Bienfaisance, malgré l'organisation administrative que leur ont donnée les lois des 21 mai 1873 et 5 août 1879, sont des comités de philanthropes. On a admiré beaucoup en France le fameux « système d'Elberfeld », qui établit une « curatelle des pauvres », qui traite le pauvre comme un mineur, dont la société a la tutelle. On a considéré comme une des tâches premières de préserver le pauvre contre l'exaspération, de le maintenir dans l'ignorance de son mal. On s'est plutôt préoccupé des sentiments du pauvre que de ses besoins. Il est juste de reconnaître que des esprits sincères ont confessé la complète inefficacité des secours distribués. Le Congrès de l'Assistance publique de 1900 n'a pu moins faire que d'adopter les conclusions suivantes, qui sont à retenir comme des aveux tardifs : « Les secours à domicile pour être efficaces, doivent être donnés, après enquête, dans des conditions de quotité, de forme et de durée, qui leur enlèvent le caractère de simple aumône ». Si l'on veut rechercher les faits qui ont provoqué cette déclaration trop naturelle pour ne pas surprendre, qu'on se reporte aux statistiques, établies par l'Inspection générale de l'Assistance publique en 1898 pour 29 grandes villes de France. La moyenne des secours *annuels* était à cette époque d'environ 16 fr. 20 par tête ! La ville de Nancy (1), non pas, certes, une des plus chiches, accordait à chaque indigent un secours équivalent à *quatre* centimes par jour. Dans ces conditions, il n'est pas exagéré de dire que les Bureaux de Bienfaisance ont un rôle tout moral; ils permettent à la Société de garder sa bonne conscience, grâce à quelques sous distribués de ci de là.

Les Socialistes
et la Lutte contre le Paupérisme.

On sait que les socialistes ont beaucoup médit de la charité. Leurs adversaires affectent même de les prendre pour des théoriciens au cœur dur. Théoriciens, soit, si l'on entend par là qu'ils ne savent pas se contenter de la satisfaction intime et égoïste du « devoir accompli », et qu'ils se préoccupent de l'efficacité des remèdes proposés contre le paupérisme. La complexité des causes du mal les convainc qu'il ne faut pas procéder au hasard, ni avoir confiance dans les bonnes volontés individuelles. L'analyse même de ces causes leur révèle les conditions et les limites de leur action. Contre les misères qui proviennent de catastrophes naturelles, comme les grêles, inondations, tremblements de terre, incendies, il ne leur semble pas qu'il y ait, en dehors des assurances, une autre œuvre à accomplir qu'une œuvre de solidarité des groupes plus vastes ou des grou-

____

(1) Léopold Lallement. *Secours à domicile. Leur caractère d'aumône, cause d'inefficacité.* Nancy 1902.

pes voisins à l'égard du groupe éprouvé. Pour les misères qui tiennent aux conditions générales de la vie économique, par exemple à l'insuffisance de la production d'une région déterminée, ils sont convaincus qu'elles seront évitées quand les groupes sociaux seront moins fermés les uns aux autres, moins jaloux d'une étroite individualité, que les relations internationales seront plus faciles et plus larges. Contre les maux, enfin, qui tiennent spécialement au régime capitaliste, ils n'ont d'espoir qu'en l'organisation de la classe ouvrière. Ce n'est pas à dire seulement qu'ils attendent tout de la transformation complète du régime actuel; ils comptent aussi que les maux présents peuvent être atténués par cette seule méthode. Il ne semble pas, par exemple, que les funestes conséquences du chômage puissent être évitées autrement que par une œuvre d'assistance accomplie par les syndicats professionnels eux-mêmes. Nous voudrions ici montrer plus particulièrement la tâche qui revient à la Commune. Il serait fâcheux que son œuvre se bornât à subventionner les Bureaux de Bienfaisance et à surveiller la distribution des secours. On ne peut se défendre d'être miséricordieux, sans doute. Après avoir critiqué la charité, on fait comme cet excellent Bergeret, on cède à la tentation de l'aumône. Mais alors, il faut s'appliquer à ce qu'elle ne soit pas une humiliation. Pour cela, il faut donner autre chose qu'une obole, il faut apporter un secours efficace. Les philanthropes allemands l'ont eux-mêmes compris. A Elberfeld, on met en pratique le précepte suivant : la quotité du secours doit être déterminée par le besoin (1). Evidemment on

---

(1) On entend par là qu'il faut « tirer d'affaire » la famille secourue et la mettre en mesure de se suffire à elle-même. L'assistance, dit Münsterberg, doit tendre à se supprimer elle-même.

objectera la modicité des ressources dont la commune peut disposer. Mais c'est là une objection dont il faut se méfier. Les raisons d'économie sont si souvent de mauvais prétextes. Ajoutons qu'une commune, animée d'une vie économique propre, qui sera capable d'entreprises, qui aura quelque initiative, trouvera plus de ressources qu'une commune qui se bornera à être un groupement administratif.

L'Œuvre municipale d'Assistance.

Mais, quoi qu'on fasse, la bienfaisance ne sera jamais qu'un pis aller. L'œuvre d'assistance vraiment féconde consistera, pour une commune, à développer l'initiative des organisations ouvrières, à les compléter pour une part, à veiller, au sens large du mot, sur la vie des citoyens. Subventions discrètes aux caisses d'assistance des syndicats professionnels, qu'il s'agisse de chômage ou de placement, sans que la commune s'arroge par là un droit de contrôle sur ces organisations. Surveillance étroite de toutes les entreprises qui intéressent l'alimentation ou le logement de la classe ouvrière. La commune doit pouvoir offrir ou malheureux expulsé de son taudis coûteux l'asile auquel il a droit, comme la municipalité de Dijon en eut l'idée en 1897. Qu'elle se fasse elle-même logeuse, qu'elle ait ses hôtelleries, ses *municipal lodging-houses*, comme Glasgow, ses habitations saines et à bon marché. Avant tout, elle doit travailler de toute son énergie à la disparition de ces abominables demeures, d'excellent rapport, où, dans les grandes villes, les prolétaires sont parqués sous la surveillance d'un concierge garde-chiourme. Tenant compte des conditions faites par le travail à la famille ouvrière, la commune doit tous ses soins aux enfants. Qu'elle leur ouvre des crèches,

qu'elle leur donne à l'école tout le bien-être nécessaire à leur santé: c'est là qu'elle pourra le plus
sûrement surveiller leur nourriture, leur vête-
ment, autant que leur instruction; au besoin, elle
y pourvoira. Elle complètera même, dans une
entente plus haute de la santé, la cantine scolaire
par la colonie de vacances. Il ne saurait être question d'esquisser ici un programme, mais il était
nécessaire d'indiquer les différentes directions
dans lesquelles il convient d'agir.

Ainsi, n'espérant rien des réparations individuelles, de la bienfaisance, aussi inefficace quand
elle est publique que privée, le socialisme s'atta-
quera à la misère en prévoyant et prévenant les
différentes causes qui la produisent. Le rôle de la
commune, assez restreint tant qu'il s'agit simplement de protéger les organisations de défense de
la classe ouvrière, devient singulièrement large
dès qu'il s'agit d'élever méthodiquement le ni-
veau de vie de la communauté. Son intervention,
dans ce cas, n'est pas seulement légitime, elle
s'impose. Ses initiatives, si audacieuses qu'elles
paraissent aux individualistes, sont un devoir strict
que lui prescrit sa fonction.

Les théoriciens de l'Assistance ont coutume de
diviser les causes de misère en *générales* et *individuelles* (1). Ils ont rangé d'habitude la maladie,
la vieillesse, l'invalidité dans la seconde catégorie. Il semble qu'ils aient, en réalité, voulu isoler
les causes qu'ils pouvaient déterminer de celles
qui restaient pour eux inextricables. Il est certain que la maladie, la vieillesse, l'invalidité sont
des occasions de misère qui s'aperçoivent claire-
ment. Aussi trouverons-nous désormais une législation plus précise.

----

(1) M. Münsterberg, p. 9.

II

La Maladie

En 1892, la partie de la population française, dans laquelle les malades indigents ne recevaient aucun secours certain, était d'environ seize millions (1). Encore les auteurs de cette statistique admettaient-ils en principe que la population urbaine -- c'est-à-dire les communes de plus de 5.000 habitants — pouvait compter sur l'assistance médicale. Déjà, en bien des pays étrangers, la législation avait organisé le traitement gratuit des malades indigents. En Allemagne, la loi d'Empire du 6 juin 1870 avait établi le droit de l'indigent en des termes précis : « Tout indigent *doit* recevoir un asile, les moyens de subsistance indispensables, le traitement et les soins nécessaires en cas de maladie, et, en cas de décès, une sépulture décente ». La législation belge comptait deux lois, depuis le 27 novembre 1891, auxquelles notre loi française a fait de nombreux emprunts. L'Angleterre, l'Italie, l'Autriche-Hongrie, la Suisse, le Danemark, la Suède et la Norvège avaient depuis longtemps estimé que la société n'a pas le droit de se désintéresser de la santé de ses membres, qu'elle ne peut abandonner à la maladie et à la mort ceux qui n'ont pas la ressource d'acheter la science et l'habileté des praticiens. Est-il supportable qu'une société, après avoir donné ses Universités et ses laboratoires pour apprendre à certains de ses membres l'art de défendre et de conserver la santé humaine, laisse à quelques privilégiés le bénéfice de cet effort collectif ? Et pour·

---

(1) E. Campagnole. *L'Assistance médicale gratuite,* 1894, p. 11.

tant, non seulement on a supporté, en France, jusqu'en 1893 cette injustice, mais notre loi du 15 juillet 1893 sur l'assistance médicale gratuite n'a pas eu la franchise de reconnaître à l'individu « privé de ressources » le droit de réclamer sa part de soins médicaux. Une conception administrative a prévalu, qui réalise ce paradoxe d'instituer une fonction obligatoire de la société dont l'individu n'a pas le droit de requérir l'application. Mais l'esprit d'une loi n'est pas définitivement fixé par ceux qui l'ont faite; il se transforme suivant les croyances de la société. Un texte de loi n'est jamais assez peu équivoque pour ne pas admettre plusieurs interprétations. Acceptons donc la 'oi telle qu'elle est, et profitons des latitudes qu'elle iaisse pour créer des œuvres qui la dépassent.

La Commune et la Liste d assistance.

La Commune est la collectivité à qui, de par la loi, incombe le devoir d'assistance. Ce n'est qu'à son défaut, quand on ne peut rattacher l'indigent à une commune déterminée (1), que le Département ou l'Etat interviennent directement. L'Etat et le Département prêtent à la Commune leur appui financier, suivant des barêmes calculés d'après la valeur du centime communal.

La Commune a pour tâche première de dresser la liste de tous ceux de ses membres qui sont appelés au bénéfice de l'assistance médicale. La loi impose un recensement annuel, elle organise dans chaque commune un bureau d'assistance dont la fonction est de faire ce recensement. La Commission administrative de ce bureau est sous la pré-

______

(1) Comme il faut un an de résidence pour conquérir le domicile de secours communal, le rattachement à une commune n'est pas toujours possible.

sidence du maire, et une partie de ses membres est nommée par le Conseil municipal. Malgré la présence dans cette Commission d'une forte proportion de délégués du préfet, la volonté de la Commune peut donc s'exprimer (1). Il est important qu'elle s'exprime, car il ne convient pas que la liste d'assistance soit établie par les procédés administratifs ordinaires. Il ne s'agit pas seulement de dresser la liste des indigents, mais de ceux qui, se suffisant à eux-mêmes quand ils sont sains, sont mis par la maladie dans l'incapacité de vivre et, par conséquent, de se soigner. La loi atteint ainsi toute la partie de la population ouvrière qui n'a pu s'assurer dans ses organisations professionnelles l'assistance médicale. En ce sens, elle est une loi de protection ouvrière. Dans ces conditions, ce n'est pas à des rapports de police qu'il faut se fier, ni à ces enquêtes individuelles, conduites suivant les procédés charitables, que préconisent les commentateurs officiels de la loi. Dans les grandes villes, la méthode que devrait, semble-t-il, employer le bureau d'assistance, consisterait d'abord à fixer, d'après la cherté de la vie, un budget minimum aussi large que possible. Puis il faudrait alors tenir compte des organisations professionnelles, où l'individu est protégé contre les risques de la maladie par la mutualité ou l'assurance. On arriverait ainsi, par élimination, bien plus que par détermination positive, à connaître l'ensemble des personnes à qui la loi peut s'appliquer. C'est ainsi que par sa méthode, autant que par son nom, le bureau d'assistance se distinguera du bureau de bienfaisance.

La loi donne d'ailleurs deux latitudes qui servent de correctifs aux erreurs inévitables : ce sont

---

(1) Le Conseil Municipal reste d'ailleurs juge des décisions du bureau d'assistance. C'est lui qui *arrête* la liste.

les réclamations et les secours d'urgence. Les réclamations sont acceptées par le préfet de tout habitant de la commune, par suite on peut réclamer sa propre inscription. Les secours d'urgence sont accordés sur la simple autorisation du maire, qu'il est facile de rendre permanente.

Le malade peut être soigné soit à domicile, soit dans un établissement hospitalier. Nous avons donc à envisager successivement l'assistance à domicile et l'assistance hospitalière.

L'Assistance à domicile.

La loi, pour des raisons d'économie, s'est avant tout préoccupée d'organiser l'assistance médicale à domicile. Aussi a-t-elle négligé de définir suffisamment le rôle et les limites de cette assistance. Elle a paru, de la sorte, favoriser une concurrence incompréhensible entre deux formes d'assistance qui répondent à des besoins différents. Cette concurrence s'est révélée trop souvent par l'hostilité des corps de médecins des deux services. Il faudra qu'il soit clair que l'assistance à domicile est ordinairement une assistance préventive où le rôle du médecin est d'enrayer à leurs débuts les maladies, de soigner les indispositions, d'envoyer aux hôpitaux, avant qu'il ne soit trop tard, les malades qui peuvent être sauvés. L'avantage précieux de cette forme d'assistance est d'introduire le médecin dans la vie ouvrière, d'en faire le guide et le conseiller des familles, d'habituer à le considérer comme un fonctionnaire chargé par la société de veiller à l'hygiène et à la santé.

L'assistance à domicile ne veut pas dire exclusivement l'assistance au domicile. Le projet de loi du gouvernement prévoyait la création de dispensaires, où les médecins du service de l'assistance donneraient leurs consultations et distribueraient les médicaments prescrits. La loi a supprimé cet article pour ne pas imposer, dès le début, des charges trop lourdes aux communes. Mais il n'en reste pas moins que c'est là la forme rationnelle que doit prendre l'assistance à domicile, celle, d'ailleurs, que préconisaient les règlements modèles proposés le 21 juillet 1894 par le Conseil supérieur de l'Assistance publique. Ce n'est pas là une préférence théorique. Dès longtemps on a pu apprécier les avantages de ce système d'assistance, que Rouen avait mis en pratique bien avant la loi. Le dispensaire répond tout à fait à ce qu'on doit attendre de l'assistance médicale à domicile. Il permet un traitement rationnel et hygiénique des maladies légères pour lesquelles on n'hésitera pas à venir consulter le médecin qu'on hésiterait à déranger. Il est déjà une petite infirmerie : peu à peu il contribue à dissiper la défiance que le peuple manifeste encore souvent contre l'hôpital. C'est aussi une pharmacie, qui distribue exactement les médicaments prescrits, et dispense de la formalité toujours humiliante des cartes d'indigence à présenter dans les pharmacies. On y peut annexer la salle nécessaire pour un traitement hydrothérapique, et, d'une manière générale, les installations indispensables à la médecine et à la chirurgie modernes (1).

Les frais d'établissement ne sont pas si considérables qu'on pourrait le penser. Les deux dispensaires de la Garenne-Colombes, très convenables, où l'on donne par an une moyenne de 7 à 800 consultations, dépensent au total 3.000 francs, que

____

(1) Les femmes en couches sont assimilées à des malades. Dans bien des cas, les accouchements pourront être opérés au dispensaire.

couvre la subvention communale (1) Il est juste
de dire que dans cette commune, les médecins et
chirurgiens-dentistes offrent gracieusement leurs
services. A Montreuil-sous-Bois, le dispensaire ne
revient pas à plus de 2.000 francs et il a distribué
jusqu'à 2.500 consultations en un an. Il ne paraît
donc pas impossible d'espérer que même les
communes rurales, en s'associant, comme la loi
sur les syndicats de communes les y invite, pourront ouvrir dans un lieu central une salle de consultations gratuites, et une petite pharmacie y atte-
nant; on y pourra joindre au besoin quelques lits
pour une infirmerie.

Le dispensaire est largement ouvert à tous.
C'est là qu'on sait pouvoir s'adresser, en cas d'urgence, pour avoir un médecin. La médecine s'y
exerce vraiment comme une fonction publique, le
remède ne s'y vend pas comme une denrée ordi-
naire. Sous ces aspects, il ne peut manquer d'in-
téresser un socialiste. Le dispensaire a rencontré
des ennemis très décidés parmi les pharmaciens.
Commerçants patentés, ils ont tendu presque uni-
versellement à considérer l'organisation municipale du service de pharmacie comme une atteinte
directe à leurs privilèges commerciaux. A Rouen,
ils ont obtenu, le 1er mai 1890, un arrêt de la Cour
d'appel interdisant la distribution des médicaments dans les dispensaires, sous le prétexte que
ces médicaments étaient distribués par de sim-
ples élèves en pharmacie. La ville de Rouen dut
supprimer une partie de ses dépôts, elle n'en con-
serva que deux auxquels elle préposa deux pharmaciens diplômés. A Dijon, en 1897, les pharmaciens trouvèrent des défenseurs au Conseil d'ad-

____

(1) Ces renseignements sont empruntés au Rapport de 1900 sur
la situation de l'Assistance Publique dans les communes de la
Seine

ministration des hôpitaux. La Commune avait voulu tourner la difficulté rencontrée à Rouen. Elle voulait installer une pharmacie municipale, sous le couvert de la pharmacie centrale des hôpitaux. Les hôpitaux s'y opposèrent. La tentative mérite d'être retenue. Et pourtant l'organisation d'une pharmacie municipale, sous le contrôle direct des médecins du service de l'Assistance, réalisait incontestablement le régime le plus rationnel et le mieux approprié aux besoins. En tous cas, dans les communes rurales où le médecin remplit souvent le rôle de pharmacien, il semble que l'on puisse dès maintenant transformer la pharmacie en service public.

Pour n'avoir pas osé décréter l'établissement de dispensaires, on a été fort embarrassé pour le choix des médecins et la situation à leur faire. Les assistés ont souvent témoigné eux-mêmes du désir de choisir leur médecin. Les raisons de leurs préférences sont souvent si vaines qu'on aurait tort de trop accorder à ces sentiments. Dans la plupart des cas, la grande préoccupation a été de ne pas susciter de jalousies professionnelles entre les médecins du service et les médecins étrangers au service. Tantôt on s'est borné à convenir d'un tarif médical dont la simple acceptation suffisait à conférer le titre de médecin de l'Assistance. Tantôt on a voulu ménager le temps du médecin à qui l'on imposait le service d'assistance comme un surcroît de travail mal rétribué. On lui a donc confié les malades les plus voisins de sa clientèle habituelle. Dans certaines régions cependant, on a été jusqu'à instituer des médecins officiels. Dans chaque canton, le préfet désignait un médecin qui recevait une allocation fixe et qui avait la charge du service d'assistance. Mais on oubliait que le canton est chez nous une unité purement administrative. Le système était inapplicable aux villes comme aux campagnes. On l'a condamné et la médecine officielle avec lui. Nous persistons à penser que, dans les campagnes, des syndicats de communes pourront avantageusement confier un dispensaire à un médecin rétribué. Dans les villes, la création de médecins du service s'impose au même titre que s'est imposée la création de médecins des hôpitaux. Il conviendrait qu'un médecin de l'assistance soit tout entier à ses fonctions et ne les remplisse pas par surcroît. Pour cela, il importe de lui faire une situation sortable et honorable. C'est la condition indispensable au bon fonctionnement du service.

Ainsi, dans l'organisation rationnelle de l'assistance médicale s'aperçoivent les germes d'une transformation de toute la profession médicale. Le médecin-fonctionnaire n'est encore que le médecin des pauvres; le jour n'est pas loin où il sera le médecin de tous. Qui ne voit combien la situation qu'un socialiste veut assurer à un médecin est plus digne et mieux définie que celle qu'il a actuellement ?

D'ores et déjà, l'organisation de la médecine publique est possible dans les campagnes, nous entendons légalement possible. Nous rappelons, à titre documentaire, une décision du Conseil d'Etat au contentieux du 7 août 1896 :

« Considérant qu'aucune disposition de loi ou de règlement n'interdit aux communes d'organiser, au moyen de leurs ressources ordinaires, un service médical gratuit dans les conditions où il a été créé par les délibérations précitées du Conseil municipal d'Aiseray... » (1).

Nous avons dans ce texte une affirmation doc-

____

(1) On pourrait trouver des considérants contraires à ceux-ci dans d'autres décisions du Conseil d'Etat. Il serait facile de montrer qu'ils ont été inspirés par des circonstances très particulières.

trinale fort nette, dont il serait absurde de ne pas profiter.

L'Assistance hospitalière.

Le malade peut avoir besoin de soins attentifs, délicats et continus qu'il ne saurait recevoir chez lui ou au dispensaire. Sa maladie peut être grave : l'hospitalisation s'impose alors.

Les règlements modèles du 21 juillet 1894 prévoient deux types d'hôpitaux: l'un plus simple, ne comprenant qu'un outillage restreint, sorte d'infirmerie, l'autre suffisamment pourvu pour soigner toutes les affections. Toute commune doit donc avoir la faculté de diriger ses malades sur l'un et l'autre de ces établissements. Aussi l'œuvre première a été de rattacher les communes aux hôpitaux existants. En 1894, d'après les statistiques que nous possédons, on a trouvé qu'il y avait à faire des créations de lits ou d'hôpitaux dans 27 départements pour suffire aux exigences nouvelles. Ces créations concernaient surtout les hôpitaux du premier type. Les hôpitaux complets sont en général des hôpitaux de grandes villes, où nombre de lits sont inutilisés, faute d'argent. Or, la loi apportait l'argent, en obligeant chaque Commune à payer le prix de journée de ses assistés.

Ici, l'organisation de l'assistance échappe en partie à la Commune. Sa part, désormais, n'est plus guère que contributive. Toutefois, la loi considère comme se référant aux dépenses extraordinaires, pour lesquelles la quote-part de l'Etat n'est plus obligatoire, la construction d'infirmeries ou d'hôpitaux (1). Il semble que c'est surtout à la

---

(1) La loi, ne définissant pas les catégories de malades, a laissé l'initiative aux communes de créer des hôpitaux spécialisés; parmi ceux-ci doivent être comprises les maternités, les maisons de repos pour les femmes en couches; parmi ceux-ci également les sanatoria contre la tuberculose.

création d'infirmeries que la plupart des communes devront s'attacher. Les communes rurales
pourraient, dans le cas où elles auraient constitué
des syndicats, annexer ces infirmeries aux dispensaires : elles relieraient ainsi les deux services,
trop souvent séparés. Ces infirmeries auraient le
très grand avantage de demeurer sous la gérance
des communes. La création d'hôpitaux savamment
outillés n'est déjà presque plus une œuvre communale. D'abord, dans la plupart des grandes villes, les hôpitaux servent en même temps de cli-
niques d'enseignement et échappent d'autant à la
tutelle municipale. Ces hôpitaux sont, en outre,
riches de toutes sortes de fondations et de legs, et
il est regrettable que ces circonstances avanta-
geuses limitent cependant l'initiative de la commune.

En principe, cependant, il est inadmissible que
les différentes communes, qui sont rattachées à
un même hôpital, n'aient point de part à son
administration. Les communes sont meilleurs ju-
ges que l'administration départementale de leurs
intérêts spéciaux. Il n'est pas concevable qu'elles
se bornent à payer une contribution, sans veiller
à l'emploi le plus avantageux de leur argent. Il
est facile de s'apercevoir que l'organisation des
Commissions administratives des hôpitaux ne répond pas aux exigences actuelles. Sur les six
membres renouvelables qui composent les Commissions, quatre sont nommés en principe par le
préfet, deux par le Conseil municipal; le maire
est, en outre, président de droit. Aujourd'hui qu'un
hôpital 'est une institution inter-communale, ce
n'est pas une commune, mais les communes rattachées à cet hôpital qui devraient être représen-
tées dans la Commission administrative. Enfin, la
proportion des délégués du préfet est trop forte.
Ces délégués sont trop souvent ou bien des admi-

nistrateurs, ou de riches philanthropes que des legs importants ont imposés. Dans telle grande ville, la Commission administrative des hôpitaux échappe complètement à la direction de la commune. Nous avons vu qu'à Dijon, la municipalité avait été mise en échec par la Commission administrative des hôpitaux. Une réorganisation est urgente. Aux communes de l'exiger.

L'Article 35 et l'Autonomie communale.

Pour échapper à la tutelle administrative, faut-il recommander aux communes l'article 35 de la loi qui leur permet, sous la réserve d'une autorisation préalable, d'organiser à leur gré, mais aussi à leurs frais, les services prévus par la loi ? L'indépendance à l'égard du préfet, que promettait cet article, a tenté dès le début de nombreuses municipalités. Mais quand elles se sont aperçues que le bénéfice de l'article 35 les privait de la subvention de l'Etat et du département, elles se sont montrées moins enthousiastes. Cet article n'a plus guère été réclamé que par celles qui voulaient échapper à la loi. Il ne nous semble donc pas qu'il y ait rien à en attendre. L'avenir est dans la loi, non pas hors d'elle. C'est la loi qu'il convient de développer.

Un résultat paradoxal de cet article 35, favorable en apparence à l'autonomie communale, est de donner une apparence légale à la situation irrégulière de l'assistance à Paris. Il a permis à l'Administration de tourner la loi, peut-être était-ce son unique raison d'être.

Budgets communaux
et dépenses d'assistance

On considère trop volontiers chez nous que les dépenses d'assistance sont assez considérables pour qu'on se montre prudent à innover. On est persuadé qu'on fait beaucoup. L'optimisme administratif contribue à répandre l'opinion que les Communes, les Départements, l'Etat sont fort généreux. On peut, sans injustice, affirmer qu'on se montre chez nous de plus en plus chiche. Quelques chiffres suffiraient à prouver, par exemple, que dans les grandes villes de France, avant l'application de la loi de 1893, les recettes de l'assistance hospitalière rapportées par tête d'habitant, avaient notablement diminué et pouvaient par conséquent être considérées comme tout à fait insuffisantes (1).

A Dijon, par exemple, les recettes totales des établissements hospitaliers représentaient, par tête d'habitant :

	Fr.		Fr.
En 1825	10 50	En 1894.	4 80
A Bordeaux, en 1825	8 »	En 1894.	5 »
A Lille, en 1825. . .	11 40	En 1894.	9 80
A Lyon, en 1825 . .	11 40	En 1894.	10 30

Nous possédons des statistiques (2) plus récentes encore, où il est tenu compte non seulement des recettes hospitalières, mais de celles des Bureaux de bienfaisance. Le relèvement des recettes, malgré tout, est si faible, qu'on se demande avec étonnement comment il est possible de suffire

---

(1) Napias. *Budgets communaux et budgets hospitaliers. Revue générale d'administration*, 1896.

(2) Deronin. *Revue générale d'administration*, avril 1893, p. 289.

aux dépenses nécessitées par les services nouveaux créés par la loi de 1893.

On est donc fondé à tenir tout prétexte d'économie pour une mauvaise raison, et à considérer que la société bourgeoise dépense vraiment peu pour cette assistance dont elle se glorifie comme d'une des plus belles œuvres démocratiques (1).

III

La Vieillesse -- L'Invalidité

L'histoire de la loi d'assistance aux vieillards et invalides révèle qu'il a fallu peu à peu renoncer à rien attendre des organisations charitables, même officielles, telles que les Bureaux de bienfaisance et les hospices, et qu'il a été nécessaire d'instituer un service spécial pour cette catégorie spéciale d'assistés. Jusqu'en 1897, les hospices ou Bureaux de bienfaisance étaient invités à accorder des secours particuliers aux vieillards et invalides. En 1897, une loi de finances laissait aux Départements la faculté d'organiser la distribution de secours à domicile pour les vieillards et déterminait la contribution de l'Etat. C'était un progrès vers la spécialisation. On proposait comme modèle la loi de 1893; les cadres du service étaient ainsi tout trouvés, il ne lui manquait que d'être obligatoire. Défaut capital. La loi d'assistance de 1905, en faisant de l'assistance aux vieillards et invalides un service obligatoire pour les Commu-

---

(1) Voici un exemple typique de l'avarice administrative : le convalescent, qui sort de l'hôpital où on l'a transporté, est obligé de payer à ses frais son retour chez lui. La loi, qui a prévu le rattachement des communes à des hôpitaux parfois éloignés, n'a-t-elle donc pas prévu qu'on pourrait sortir guéri de ces hôpitaux ?

nes, les Départements et l'Etat, a proclamé par là la nécessité pratique de concevoir l'assistance comme une fonction normale de la collectivité.

Le texte primitif de la loi allait jusqu'à reconnaître à l'assisté le droit à l'assistance. Le Sénat s'est effrayé de cette audace. L'expression « droit à l'assistance » a disparu de l'article premier (1). Mais ce qu'on n'a pu faire disparaître, ce sont les garanties accordées par la loi aux assistés, qui, aussi bien que toute affirmation théorique, définissent un droit strict. Les réclamations de ceux qui n'ont pas été inscrits sur la liste d'assistance sont présentées à la mairie (article 9); une Commission cantonale les examine, après avoir entendu le maire et les réclamants. On peut appeler des décisions de cette Commission devant le Ministre de l'Intérieur, qui saisit de l'affaire une Commission centrale d'examen (articles 11 et 17). Toute cette juridiction peut même connaître des réclamations qui portent sur la quotité des secours. L'assisté qui ne croit pas qu'on lui accorde son dû peut élever la voix. Preuve indéniable que le droit de l'individu sans ressources, qu'une timidité bourgeoise a empêché de proclamer, se trouve implicitement admis par la loi.

La Commune et la Liste d'assistance.

La loi de 1905 est bâtie sur le même plan que la loi de 1893. Le bureau d'assistance de la Commune établit la liste des vieillards ou invalides qui y ont leur domicile de secours (2). C'est le

---

(1) « Tout Français privé de ressources, soit âgé de 70 ans, soit atteint d'une infirmité reconnue incurable, qui le rend incapable de subvenir par son travail aux nécessités de l'existence, *reçoit*, aux conditions ci-après, l'assistance instituée par la présente loi. »

(2) La loi élève à cinq ans le temps nécessaire pour acquérir, par la résidence, le domicile de secours dans une commune.

Conseil municipal qui arrête cette liste. Chaque année, il délibère sur la totalité des demandes examinées « qu'elles figurent ou non sur la liste préparatoire » (article 8), et peut, par suite, accueillir les demandes qu'on lui propose de repousser. La loi nouvelle accorde donc une plus grande liberté d'action à la Commune que la loi de 1893.

Une Commune, soucieuse de donner à la loi la plus large application possible, sans en fausser le sens, devra se faire une idée nette de la fonction que remplit l'assistance. On assiste ceux qui sont privés de ressources, et l'assistance qui leur revient, ne leur est pas due comme une reconnaissance du labeur de toute leur vie; ce sont là des considérations étrangères à l'assistance. Pour ce qui concerne la loi de 1905 par exemple, on secourt tous ceux qu'une incapacité physique met hors d'état de se procurer la vie. La loi a précisément pour rôle d'obliger la Commune à prendre à sa charge tous les invalides, qu'ils aient ou non pu travailler dans leur vie, tous ceux à qui des caisses de retraites, des organisations professionnelles ou mutualistes n'ont pas assuré l'avenir. Les isolés, les abandonnés, tous ceux qui n'appartiennent pas à des groupes définis, appartiennent à la Commune. Ces isolés peuvent d'ailleurs vivre en famille, mais la loi ne les connaît qu'isolément. Un philanthrope s'indignerait de cette ignorance. Combien n'est-elle pas avantageuse, au contraire, puisqu'elle permet, dans une même famille, au mari et à la femme, de recevoir chacun l'allocation mensuelle prévue par la loi ?

L'assistance sera d'autant plus large qu'elle ne s'égarera pas sur ceux qui ont droit à autre chose qu'à l'assistance. Un socialiste peut être généreux parce qu'il sait borner l'assistance à sa fonction et n'a pas la prétention d'en tirer ce qu'elle ne peut donner.

Comme l'assistance médicale, l'assistance aux vieillards et invalides comporte l'assistance à domicile et l'assistance hospitalière.

L'Assistance à domicile.

L'hospitalisation demeurant réservée, « s'ils y consentent » (article 19), à ceux qui ne peuvent être utilement assistés chez eux, l'assistance à domicile est le cas le plus général. L'assistance hospitalière s'applique plus particulièrement aux invalides atteints de maladies incurables, à ceux qui ont besoin de soins continuels. L'assistance à domicile ne remédie qu'à l'indigence.

Comment y remédie-t-elle ? Par le paiement d'une allocation mensuelle. C'est le Conseil municipal qui fixe pour chaque commune, sous réserve de l'approbation du Conseil général et du Ministre de l'Intérieur, le taux de cette allocation (article 40). La loi indique simplement le minimum et le maximum. Sur ce point, la loi est fort imparfaite. Les chiffres qu'elle donne paraissent établis non pas sur un calcul qui tiendrait compte des limites entre lesquelles varie, suivant les régions, le prix de l'existence, mais sur un calcul prudent des dépenses à ne pas dépasser. Les législateurs ont eu si peu la prétention d'accorder un secours suffisant qu'ils ont déclaré ne pas vouloir décompter du secours le produit de l'épargne, affirmant ainsi leur espoir que le pauvre fera des économies pour éviter la pauvreté ! Ce sont là des conceptions que l'on ne s'attendait pas à rencontrer dans une loi, sous d'autres rapports si moderne.

Le minimum légal, qui, dans la proposition votée par la Chambre, était de 8 francs, a été réduit par le Sénat à 5 francs. Les cent sous célèbres du Bureau de bienfaisance ! Beaucoup de Communes se tiennent malheureusement à ce chiffre. Sur 309.077 personnes assistées à domicile au commencement d'avril 1908 (1), 35.732 ne recevaient que 5 francs; 54.972 moins de 10 francs. Si favorables que soient les conditions de vie, il est impossible de considérer ce chiffre comme un minimum permettant de vivre. Le but de l'assistance n'est donc pas atteint. L'allocation est une aumône. Un socialiste, qui a une conscience nette du rôle de l'assistance et de la façon dont il faut la concevoir et l'appliquer, ne cessera de protester.

Le taux maximum, dans l'état actuel de la loi, constituerait à la rigueur un minimum supportable. Il est de 20 fr. (2). La Commune peut heureusement dépasser le maximum, mais l'excédent reste à ses seuls frais, ni le Département, ni l'Etat n'y concourent. Par excès de prudence budgétaire, le Conseil supérieur s'est jusqu'ici refusé à reconnaître dans aucun cas les « circonstances exceptionnelles » qui autorisent une commune à dépasser ces malheureux 20 francs. Il a fait exception pour Paris qui, au commencement d'avril 1908, payait 30 francs à 41.083 vieillards ou invalides. Bien que la vie soit certainement aussi chère à Neuilly, par exemple, qu'à Paris, les communes de banlieue ne participaient pas au privilège parisien. Le ministre, passant outre aux décisions du Conseil, les a autorisées, ainsi que quelques grandes villes, à payer 25 francs par mois : 10.258 personnes, en avril 1908, bénéficiaient de ce taux.

L'objet de la loi ne sera pas atteint tant qu'on établira les tarifs d'allocation au petit bonheur, tant qu'on se refusera à leur donner pour base un calcul approximatif des conditions moyennes

---

(1) D'après un compte rendu du rapport présenté par M. Campagnole au dernier Congrès d'assistance (Reims, avril 1908).
(2) La Chambre avait proposé 30 francs.

de la vie dans les classes les moins fortunées. Le devoir des communes est dès à présent de faire une violente poussée pour vaincre les résistances de ceux dont la profession est de conserver la loi jusqu'en ses parties caduques. Il faut qu'elles ne considèrent jamais le maximum de la loi que comme un minimum.

L'Assistance hospitalière.

L'assistance hospitalière est en principe réservée « à ceux qui ne peuvent être utilement assistés à domicile, qui n'ont pas seulement besoin d'argent mais de soins ». Autant qu'on peut fonder un jugement sur des statistiques d'assistance, l'assistance hospitalière serait jusqu'ici l'exception. Ce qui rend d'ailleurs l'appréciation délicate, c'est que les statistiques officielles ne tiennent pas compte des personnes qui, antérieurement à la loi, se trouvaient hospitalisées, soit à la charge des communes, soit à la charge des particuliers. Cette forme d'assistance s'étend donc à un plus grand nombre de personnes qu'il n'apparaît d'abord.

La loi n'a pas voulu créer de maisons spéciales de retraite et d'asile; elle rattache les communes à tous les hospices publics ou privés de leur région et leur donne la faculté d'y réclamer des lits. Malheureusement elle ne s'est pas préoccupée de donner à la commune suffisamment de pouvoir sur les établissements hospitaliers qui acceptent ses vieillards ou invalides. Dans le cas le plus favorable, c'est-à-dire dans le cas d'un hospice public de grande ville qui, à bien des égards, pourrait être regardé comme avant tout communal, la Municipalité ne dispose pas de la majorité de la Commission hospitalière. Les lois de 1873 et 1879 qui ont institué les Commissions administratives de tous les établissements de bienfaisance, témoignent d'une défiance administrative à l'égard des délégués de la commune. Il faut ajouter qu'elles ne répondent plus aux exigences complexes des services nouveaux. Elles ne prévoient de relations qu'entre le maire et le préfet, comme si un hospice dépendait toujours uniquement d'une commune et du département, et comme s'il n'était pas bien plutôt de la nature même d'un hospice d'être intercommunal, de dépendre par conséquent de plusieurs communes.

Dans le cas même de créations nouvelles, il n'est pas permis à une commune de disposer librement et directement d'un établissement hospitalier. En 1897, le Conseil municipal socialiste de Dijon avait décidé de créer un « asile municipal de vieillards et d'invalides du travail », et d'acquérir dans cette intention, un immeuble d'une valeur de 270.000 francs. Le ministre de l'Intérieur fit remarquer que si la municipalité pouvait construire et installer le nouvel asile, elle devait ensuite en remettre la direction à la Commission hospitalière. Le Conseil veut alors tourner la difficulté, il loue pour 18 ans les bâtiments qu'il voulait acheter et constitue une Société civile pour l'administration: nouvelles observations du ministre. « Il semble..., dit-il, que l'asile projeté n'aurait que l'apparence d'un établissement privé; qu'en réalité, la ville subviendrait à toutes ses dépenses, et que le but de l'Assemblée communale est de soustraire, d'une part, le projet d'installation de l'hospice à l'examen du Conseil des inspecteurs généraux de l'assistance publique, d'autre part, la gestion du futur établissement à la direction de la Commission administrative des hospices ». Cette fois, le Conseil dut promettre d'abandonner complètement l'asile à cette terrible Commission hospitalière. Le projet établi en août 1899 soulevait encore des difficultés de forme quand la municipalité socialiste ne fut pas réélue.

Nous avons insisté sur ces faits pour montrer les obstacles qu'oppose à la liberté d'action municipale la prépondérance asurée par la législation à l'influence administrative. On sait que nulle part cette influence ne prévaut aussi exclusivement qu'à Paris, où un Directeur général, nommé par le Ministre, absorbe tous les pouvoirs des différentes Commissions hospitalières. La Ville n'est même plus représentée dans la gestion de ces établissements à l'entretien desquels elle contribue pour la plus large part. C'est là un scandale dénoncé depuis longtemps.

La loi de 1905 doit donc être complétée par une loi nouvelle sur les Commissions administratives des hospices. Elle ne pourra être appliquée d'une manière satisfaisante qu'à cette condition.

La Loi de 1905 et la Loi des Retraites ouvrières.

C'est par comparaison avec la loi sur les retraites ouvrières, dont le vote se fait depuis trop longtemps attendre, qu'on peut le mieux comprendre la nature de cette loi d'assistance, de toute loi d'assistance en général.

La loi des retraites repose sur des bases professionnelles définies, la loi d'assistance s'adresse à l'ensemble confus des miséreux. L'allocation mensuelle de la loi d'assistance n'est pas une retraite à un travailleur, mais un secours à un indigent incapable désormais de gagner sa vie. L'objet de la loi est de parer aux misères qu'occasionne l'invalidité; on peut même dire que le vieillard est secouru seulement à titre d'invalide. Le droit à la retraite repose sur le passé de travail.

Le droit à l'assistance repose sur la misère présente et l'incapacité de travailler. Chaque loi a donc sa fonction bien distincte, et nous ne pensons pas plus que la loi d'assistance puisse suppléer à la loi des retraites, que nous n'estimons que la loi des retraites doive rendre inutile la loi d'assistance. Un socialiste, pénétré de la conception socialiste de l'assistance, ne commettra ni ne permettra les confusions. Il ne souffrira pas qu'on escamote la loi des retraites ouvrières à la faveur de la loi d'assistance de 1905.

Voilà, pour le présent, quel nous paraît être le devoir socialiste. L'étude même des institutions d'assistance a révélé, nous l'espérons, ce qu'il y a en elles de durable, à quoi un socialiste doit s'attacher. En se développant, une bonne part de ces institutions se détacheront de l'assistance proprement dite. C'est ainsi que l'assistance aux malades se confondra peu à peu avec les institutions générales qui ont pour objet l'hygiène et la santé de la société tout entière. Mais l'assistance n'aura pas simplement créé des organismes qui, en se différenciant, se séparent d'elle; elle subsistera comme telle. Sa fonction propre sera de prêter le secours de la collectivité à ceux qui ne peuvent ni s'aider eux-mêmes, ni être secourus par des groupes restreints d'aide mutuelle.

L'Émancipatrice (Imp. Communiste),
3, rue de Pondichéry, Paris. — 6453-4-13.

Le droit à l'assistance repose sur la misère présente et l'incapacité de travailler. Chaque loi a donc sa fonction bien distincte, et nous ne pensons pas plus que la loi d'assistance puisse suppléer à la loi des retraites, que nous n'estimons que la loi des retraites doive rendre inutile la loi d'assistance. Un socialiste, pénétré de la conception socialiste de l'assistance, ne commettra ni ne permettra les confusions. Il ne souffrira pas qu'on escamote la loi des retraites ouvrières à **la faveur** de la loi d'assistance de 1905.

Voilà, pour le présent, quel nous paraît être **le** devoir socialiste. L'étude même des institutions d'assistance a révélé, nous l'espérons, ce qu'il y a en elles de durable, à quoi un socialiste doit s'attacher. En se développant, une bonne part de ces institutions se détacheront de l'assistance proprement dite. C'est ainsi que l'assistance aux malades se confondra peu à peu avec les institutions générales qui ont pour objet l'hygiène et la santé de la société tout entière. Mais l'assistance n'aura pas simplement créé des organismes qui, en se différenciant, se séparent d'elle; elle subsistera comme telle. Sa fonction propre sera de prêter le secours de la collectivité à ceux qui ne peuvent ni s'aider eux-mêmes, ni être secourus par des groupes restreints d'aide mutuelle.

L'Emancipatrice, Imp. Communiste.
3, rue de Pondichéry, Paris — 6451-13.

LES CAHIERS DU SOCIALISTE